花开的声音

李梓萱　著

中国民族文化出版社
北　京

图书在版编目（CIP）数据

花开的声音 / 李梓萱著 . -- 北京：中国民族文化出版社有限公司，2023.9
ISBN 978-7-5122-1751-5

Ⅰ. ①花… Ⅱ. ①李… Ⅲ. ①作文 - 小学 - 选集
Ⅳ. ① H194.4

中国国家版本馆 CIP 数据核字（2023）第 158750 号

花开的声音
HUA KAI DE SHENGYIN

作　　者　李梓萱
责任编辑　王　华
责任校对　李文学
出 版 者　中国民族文化出版社　地址：北京市东城区和平里北街 14 号
　　　　　邮编：100013　联系电话：010-84250639　64211754（传真）
印　　装　北京博海升彩色印刷有限公司
开　　本　889mm × 1194mm　32 开
印　　张　3.125
字　　数　33 千字
版　　次　2024 年 1 月第 1 版
印　　次　2024 年 1 月第 1 次印刷
标准书号　ISBN 978-7-5122-1751-5
定　　价　19.80 元

序

李梓萱同学的《花开的声音》一书很快就要付梓了。我真心为她感到骄傲和自豪！

初拿到这本书，心中确实有一些惊讶！细问之后才知道，梓萱同学几年前就已经开始练笔写作，并一直坚持到现在。写作源于生活，生活中的点滴、瞬间都是梓萱的写作素材，清晨的鸟叫、傍晚的微风、雨天的花朵、晴空的白云……梓萱记录的不仅是生活的美好，更是小朋友对生活的热爱和对未来的向往！

认真读完书稿，我认为本书有三个特点。一是作品所描写的多是小作者身边的人和事，很有生活感。例如，练习滑旱冰，学习骑自行车；又例如，竞选小队长，雪夜核酸小屋做检测；再如参观鲁迅博物馆有感，读《长征精神青少年读本》有感等。这些作品都让读者有种真实、生动的感觉。二是梓萱已经能够将基本的写作技巧运用到写作之中，使作品有很强的可读性。无论是叙事短文，还是日记、诗歌，在人物刻画和叙事描述方面，她都体现出一名小学高年级学生的语文素养和写作水平，尤其是《一座通向未来的桥》一文，落笔之处颇有几分文采，短短六百字便将十三勇士飞夺泸定桥的场面描绘得栩栩如生。三是科幻短文充满奇思妙想，非常富有想象力，思维活跃，颇有新意。看过之后，我也不由得“老夫聊发少年狂”，开始畅想到处都是机器人的未来世界啦！

有志者事竟成。梓萱同学的这本文集，虽然描写的都是日常生活，但充满了人生梦想，更展现了她纯真的童心和奋发向上的精神。人总是要有点儿精神的，只要有这种积极向上、锲而不舍的精神，任何苦难都将化为滋润的细雨，未来一定是光明和幸福的！

衷心希望李梓萱同学继续努力，笔耕不辍，创作新作，以飨读者！

孔令晨

2023年6月19日

目录

第一部分 叙事篇

记录一件事情，记录下来的不仅仅是时间，地点，人物，事件的起因、经过、结果，还有写作者的欢乐、悲伤、勇敢、成功，更有我对人生的感悟和对未来的思考。虽然文中的许多事情已经过去很久了，但每当我翻看这些文章，都仿佛昨日再现，激动人心的一幕幕重新出现在眼前，让人久久不能忘怀！

最开心的一件事

一提起开心的事，我就会想到和好朋友小太阳一起进行拓展训练的经历。到底是什么事呢？请听我娓娓道来。

那是一个周日，一大早，妈妈说要带我去找小太阳一起去做拓展训练。我立刻来了精神，从床上一跃而起，开心地说：“太棒了！终于等到这一天啦！！”

到了地方，小太阳一看见我，就大声喊道：“乐乐，快来呀！我在这儿呢！”我飞快地换了衣服，就去和小太阳一起训练了。

我们齐心协力，完成了好几个项目。最后一关是走木墩桥，这座桥非常不好走，全靠手上抓着绳子才能走过去。小太阳一上去就摔倒了，我努力地想把她拉起来，但是她有点儿胖，我拉了两次都没成功。小太阳可怜巴巴地看着我，我看了看周围，没有人能来帮忙，我说：“小太阳，你别害怕，我再拉你一次，你自己也试着站起来！”说完，我又一次伸出了手，她拉着我的手，努力地往上一使劲儿，一下子就站起来了。我俩别提多开心了！然后，我们慢慢地向前走，终于走到了终点。

站在终点处，我们两个人开心地又蹦又跳。她的笑声非常清脆，像钢琴里流淌出来的音乐。听到她的笑声，就像是春天的阳光洒到我的身上，又像是夏天的花香飘到我的心里。那一刻，我觉得我们两个人的友谊一定会像歌声里唱的那样——友谊地久天长！

世界上不是缺少欢乐，而是缺少发现欢乐的眼睛。只要生活中充满友谊，人生中就会充满快乐！

我学会了滑旱冰

小朋友，你会滑旱冰吗？你知道滑旱冰的感觉是什么样的吗？你知道在滑旱冰的时候怎样控制自己的速度吗？下面就让我为你一一解开谜题吧！

上个周末，妈妈说要教我滑旱冰。我的心里顿时涌出无数个小问号：什么是旱冰呢？要怎么滑呢？……

来到楼下，我穿上溜冰鞋，颤颤巍巍地站了起来。但是，我发现自己根本站不稳，两腿一直在发抖。我感觉自己马上就会摔倒，一动也不敢动，就像一尊雕像那样呆站着。

妈妈先教我怎样安全地站起来。她让我先单膝跪下，然后用手撑着膝盖，一用力，就稳稳地站起来了。然后，她又教我怎样安全地停下来。她指导我双腿弯曲，把重心放低，摆臂时要把手摆到嘴角的位置，就像吃冰棍那样。停下来时，两腿往里一收，就慢慢停下来了。我按照妈妈说的要领，向前蹬出去左腿，同时把右手送到嘴边，再把右腿蹬出去，左手送到嘴边……就这样，一下又一下，我果真就滑起来了。哈哈哈！我会滑旱冰了！

突然，我一走神儿，一下子就摔倒了。真疼！我觉得自己其实还不会滑旱冰呢！心中好失落啊！

妈妈一边扶着我，一边说："别着急，慢慢来，一定要集中注意力！"我再一次慢慢地滑起来，逐渐加速，全神贯注，生怕像上次那样摔倒。这次成功了，滑起来的感觉轻飘飘的，特别畅快！耳边的树叶发出哗啦哗啦的声音，好像在为我鼓掌；院子里的小鸟叽叽喳喳地叫着，好像在为我喝彩！

我在院子里滑了一圈又一圈。我跌倒了，但是又马上爬起来接着滑。我越滑越轻松，感觉自己仿佛是一只小鸟，在天空中自由地飞翔，又仿佛是一条小鱼，在大海中自由地遨游！

啊，我终于学会滑旱冰了！

记一次游戏

一说到印象最深的一次游戏，我就立刻想起了我和同学们跳“8”字长绳的经历。

那是周五的体育课上，老师要教我们跳“8”字长绳。一听到这个消息，同学们都欢呼雀跃，立刻开心地喊道：“太棒了！太棒了！”

来到操场上，老师给男生和女生各发了一根长绳，让大家分别组队练习。轮到我跳了，我的心噗噗乱跳，就像是有一只小兔子在上蹿下跳。我抖抖索索地向前走，不敢跳进去。这时，女生们在后面着急地喊：“快跳呀，快跳呀！”我心一横，抱着头，闭着眼，快速地跑进去，果不其然，我被绳子绊了一跤，重重地摔到了地上，失败了……

我灰头土脸地站到了队伍的后面，我觉得自己不能就这样放弃啊，所以，我开始认真地观察其他人。我发现别人都是等绳子落在地上之后才猛地跳进去的。哦！原来是这样啊！！！

很快，又轮到我了。我深吸了一口气，告诉自己：“不要慌，一定要等绳子落地了再跑上去！”我看准时机，等绳子快要落地时，猛地跑进去，两脚使劲儿一跳，绳子从我的脚下溜过去了。哇！我跳过去了！我成功了！

那次跳绳，我体会到了认真观察的好处，品尝到了成功的滋味。真的是：世上无难事，只怕有心人！

那一刻，我长大了

“你怎么连这个单词都不会！”

周日中午，妈妈让我默写单词，当默写到 grape（葡萄）的时候，我想不起来该怎么写了，就胡乱写了几个字母。妈妈一看到我在乱写，就生气了，大声地批评我！

“我已经很努力背单词了，不就是一个单词不会嘛，至于这样大声批评我嘛！”我顿时觉得特别委屈，一下子就哭了起来。

妈妈非常生气地走了，去厨房给我做中午饭。我一个人坐在书桌前，泪水涌出了我的眼睛，滑过我的脸庞，滴落在作业纸上。我一点儿也不想擦眼泪，我就想一直哭，把心中的委屈都哭出来。眼泪一滴一滴地流下来，在作业纸上滴出来一个又一个圆形的泪痕，洇湿了一层又一层纸。

过了大约半个小时，妈妈喊我去吃午饭。我和她坐在餐桌前，谁都没有说话，只是默默地吃着饭菜。

这时，妈妈的电话响了，是她的同事打来的，问妈妈如何处理一件棘手的事情。妈妈和同事不停地讨论怎么处理这件事情，如果选择这个方案会有什么弊端，如果选择那个方案会有什么弊端，是不是还有第三个方案。

我一边吃饭，一边听妈妈说话。我边听边想，原来大人们的工作内容这么复杂啊，每一件事情都有不同的解决方案，每一种解决方案都有各自的优点和缺点。怎么选择最优解决方案呢？真是让人头疼啊！

吃完饭，我回到自己的房间，看着那些单词，突然觉得单词好简单啊，不就是几个字母排列组合嘛，比起妈妈处理的那些事情简直容易太多了！我想起来妈妈曾经让我看过的一个小视频。视频上说："其实学习是最简单的事情，因为只要你付出一定的时间和精力，你就能把学习搞好！"

此时，妈妈还在不停地打电话，和同事沟通着各种事情，她自己做好的午饭却没有时间吃。难道她不饿吗？我想为妈妈做点儿什么，就走到餐厅，准备把菜端到厨房热一下。就在我扭头看妈妈的那一瞬间，我突然看见妈妈鬓角出现了几根白发，也看见了妈妈眼角细细的皱纹。我的心"咯噔"一下。我什么也说不出来，只是默默地热好了菜，又给妈妈端了出来。

再次坐在桌前，我又流泪了。不过，这次不是委屈的泪水，是另一种说不出感觉的泪水。

这次的泪水流到了我的嘴里，咸咸的，我觉得，这是成长的味道——每一个人都在努力地生活，我也要更加努力！

第一次竞选

下周的班会上要竞选班干部了！

我也想参加，但是，要怎么参加呢？我可是一点儿都摸不到头脑啊！我左思右想，还是向妈妈求助了。

“你想竞选哪个职位呢？你觉得自己的长处是什么呢？换句话说，大家为什么要投你一票呢？如果选上了，你会怎么做？如果选不上，你会怎么做？”妈妈放下手中的工作，开始了她的循循善诱式辅导。

就着妈妈提出的这几个问题，我认真地进行了思考。最后，我决定报名竞选小队长。然后，我认真地写下了人生第一份竞选稿。临睡前，我拿着竞选稿念了又念，生怕自己到时候会卡壳。

接下来的几天，我一有时间就会想起竞选的事情来。有时是担心自己选不上；有时又觉得自己肯定没问题；还有的时候心中暗暗想：“唉，太麻烦了，还要竞选……老师直接任命不就行了嘛！”

就这样，几天时间一晃就过去了，转眼间就来到了周一的班会。好几位同学都精神百倍地站在讲台上念了自己的竞选稿。轮到我了，我深吸一口气，勇敢地站了起来，拿着前一天晚上打印好的稿子，径直走到讲台上。

我先向大家鞠了一躬，然后开始念稿子。我一张嘴，脑子里立刻变成一片空白，早先练好的断句啦，停顿啦，统统想不起来了，只剩下自己的嘴巴在机械地念着稿子。我感觉自己的大脑分裂成了前后两个人，前面的小人在念稿子，后面的小人在不停地说：“镇定，你没问题的。慢慢说完就是胜利！”

就这样，我尚算平稳地念完了稿子。最后，我说道：“如果我当选了，我会履行我的诺言，认真为大家服务。如果我没有当选，我也不会气馁，我会继续为班集体发挥自己的光和热！”我刚说完，班主任孙老师就带着大家给我鼓了鼓掌，仿佛是在肯定我的表态！

很快，投票结束了，我如愿当选为小队长！我开心极了，我一定要履行诺言，从自身做起，为班级贡献力量，为大家贡献力量！

学骑车

学会骑自行车，是我一直以来的梦想。但是，在我家里只有魏阿姨比较擅长骑车，所以我总是央求她教我。上个周末，魏阿姨终于答应教我学骑自行车了，并且保证一教就会，我别提多高兴了！

周日的下午，魏阿姨推着自行车，和我来到小区的院子里，开始了“手把手一天教会自行车”的魏式培训课。魏阿姨让我坐在车上，两条腿都踩在地上，她在后面扶着车座。她说：“蹬！”我就一只脚蹬起脚蹬来，车子也就顺势往前走了。但是，车把太灵活了，车子往前一走，车把就左右不停地扭动了起来。我大喊：“哎呀！！”魏阿姨说：“用脚踩着地！”我这才想到自己的脚是能着地的，连忙双脚都踩在地上，车子终于稳定了下来。

我连声说：“太难了，怎么才能不乱晃呀？”

“蹬的时候慢慢蹬，手不要把车把握得太紧，让它能够自由地转动，自行车就平稳了。你再试试！”魏阿姨耐心地说。

“我能骑好吗？”我有点儿打退堂鼓。

“没问题，你大胆地骑，你腿长，肯定摔不着！”魏阿姨安慰我道。

我鼓足勇气，在心里默默地重复了一遍魏阿姨传授的技巧——慢慢蹬，车把松一点儿——再一次开始了尝试。

这次果真没有那么摇晃了。我的车子往前走了五六米，有点儿要摔倒的架势，我就又用脚踩在了地上，稳定了下来。

就这样，魏阿姨和我一遍一遍地练习。七八次之后，我就能顺利地骑起车来了！魏式自行车培训课果然名不虚传啊！

我在小区里骑着自行车，风儿从耳边掠过，带走了我的疲惫，带来的都是开心。啊，好惬意的感觉啊！我一圈又一圈地骑着自行车，感觉天空格外蓝，鸟儿叫得格外好听，丁香花也格外香！

小朋友，你也会骑自行车吗？快和我一起骑起来吧！

购物

今天，老师给我们布置了一项特殊的家庭作业，那就是去超市为家里进行一次购物。

“妈妈，咱们家要买什么东西？我要当一次采购员！”一回到家，我就兴高采烈地对妈妈说。“好呀，咱们家里的酱油和醋没有了，你想去哪个超市买呀？采购员同学。”妈妈饶有兴趣地问我。去哪个超市？这个问题，我还真没想过。妈妈看我一头雾水的样子，就对我说：“大到搞科研，小到去超市，都要做计划。我们去哪个超市呢？买什么东西？要不要带个小车？什么时候去？这些都是我们计划的内容。你先仔细想想，咱们明天去！”

听了妈妈的话，我才明白原来干什么事情都是有讲究的，需要做计划，不能随性而为。于是，我拿出一张纸，列出了家里要采购的东西和我自己想买的学习用品。明天我就按照这个清单去采购！

第二天傍晚，我完成了一天的功课之后，让妈妈带我去了长安商场的超市。一到超市，我就拿了一个大大的购物筐，径直走到调料区，开始挑选酱油和醋。有这么多种的酱油和醋，我该选择哪些呢？我为难地看着妈妈。妈妈微笑地说：“你觉得家里原先用的好吃吗？你记得家里用的是什么牌子吗？”哎呀，百密一疏啊，我根本就不知道家里常用的是什么品牌，只好摇了摇头。“咱们常用的是李锦记的薄盐酱油和镇江香醋。”听了妈妈的话，我顺利地找到了它们，各拿了两瓶放到购物筐中。

买完这些，我和妈妈来到日用品区，在这里我要为自己买几块橡皮和几个本子。我站在货架前，仔细地比较了价钱，我要买物美价廉的文具！

我拿着购物筐来到自动收款台，在自助机上把每一件商品都扫了码，点击“结账”，然后拿出妈妈的手机，把付款码对准扫描器，“嘀”的一声，付款完成了。

结束了超市之旅，我和妈妈又到商场的老年专柜为奶奶买了一身睡衣，然后在商场的饭店里大快朵颐，饱餐了一顿，来庆祝我第一次购物成功！

回家的路上，我对妈妈说：“妈妈，我的计划不错吧？！首先，咱们是傍晚来的，一点儿也不影响白天的学习。第二，在商场的超市买东西，顺便还能在商场里给家里人买东西，并且能够吃一顿大餐。一次办了这么多事情，太节约时间了！这就是‘凡事预则立，不预则废’。”

“哈哈哈哈，你这次真是精神物质双丰收啊！”

“当然啦！哈哈哈！”

令人感动的一幕

人生就像一条长河，长河中波光粼粼的是无数的时光碎片。有的碎片记载着令人快乐的往事，有的记载着令人难过的瞬间。随手掬起一捧生命之水，这次倒映出的是那最令人感动的一幕。

那是一个寒冷的冬夜，已经接近夜里 11 点了，我和妈妈出了地铁，冒着鹅毛大雪往家走。雪下得真大，天地间白茫茫的一片。我不时地抬头往前看，只能看到路灯下纷纷扬扬的雪花。前面的路上没有行人，机动车道上也偶尔才有一辆汽车缓缓经过。天气很冷，我穿着两层羽绒服也不觉得暖和，一心只想快点儿回到温暖的家里，好好休息一下。

正走着，我看见前面有一个胖胖的身影，在一个小房子周围来回走动，仿佛在忙着干什么。“那是谁啊?！这么冷的天还在外面干活儿。”我心里默默地想着。

不知不觉就走近了。原来，这是一间二十四小时核酸检测小屋，那个白白的身影就是核酸检测人员。她趁这会儿没有人来检测，赶紧把医疗废弃物收拾到一旁去，然后把检测用具拿出来，摆在了工作台上。

就像无数个“大白”那样，她也穿着一身白色的连体防护服，脸上还带着防护面罩。在我经过检测小屋时，她已经坐在检测台前，随时准备为大家服务了。

我和妈妈拿出了身份证，让这位雪夜坚持工作的“大白”为我们检测核酸。透过防护面罩，我看出来这位“大白”姐姐非常年轻，不过二十岁出头的样子。

“大姐姐，你好辛苦啊，这么冷的天，你要多穿点儿衣服啊！”我心疼地说。

“谢谢小妹妹，我这里有空调，不太冷！”“大白”姐姐温柔地笑着说。

她的笑容那么温暖，一下子就让我感觉到了力量和底气——这么多的“大白”保护着我们，让我们不怕新冠病毒！

检测完了，我和妈妈继续往家走，路上，我一直忘不掉那位“大白”姐姐在检测小屋里里外外忙碌的身影。这么冷的冬夜，只有她一个人在忙碌着，为了大家的健康，坚守在工作岗位上。这是多么令人感动的一幕啊，她不就是疫情三年来最可爱的人吗？！

我是“小盲人”

这个周末，我们有一项特殊的作业，就是扮演一天“盲人”。“这该怎么生活啊！盲人，什么都看不见啊！”我心里忐忑不安，觉得这个任务太难完成了。

今天上午，我用妈妈的眼罩蒙上了眼睛，开始在家里体验起来。我一戴上眼罩，就什么都看不见了，只好双手向前伸，左右摸索一下，身子微屈，一条腿战战兢兢地伸到前面探路，确定前方能走了之后，才小心翼翼地向前走一步。从卧室走到客厅，两米的距离，我足足走了五分钟，我第一次感到走路是这么难！

妈妈看我实在走得太困难了，就给了我一根登山杖，让我当成盲杖来用。有了这个利器，我走路就顺溜多了，只要摆动登山杖，知道前方没有障碍，我就可以放心大胆地往前走了。

“你假装要从饭桌上拿一包纸巾回房间吧！”妈妈给我下了一道指令。

“啊？我不行吧！”

“没事，你试试，今天不就是让你体验生活吗！”

“好吧，我试试看。盲人真是太不容易了！”

我在登山杖的辅助下，缓缓地走到餐桌前。因为餐桌上有很多东西，我只能慢慢摸索纸巾的位置。我两只手都放在餐桌上，一点一点地摸索起来，咦，碰上一个冰凉的东西。哦，是我的马克杯。咦，一个暖暖的东西。哦，是妈妈的茶杯，里面还有温乎乎的茶水。摸索了好久，我感觉桌面上没有纸巾啊！我着急地说：“妈妈，桌面上有纸巾吗？”“有，你慢慢找！”妈妈在我旁边慢条斯理地说。“我找不到！桌子上东西太多了！”“别着急，慢慢找，马上就找到了！”我正想摘掉眼罩，转念一想，还是坚持一下吧，就又开始找了起来。我能感觉到自己的手正在探索桌子的每一寸地方。啊，终于摸到了，这个发出“哗啦哗啦”声音的就是纸巾！

“哈哈，我找到了！”我开心地拿起纸巾，一把摘下了眼罩！

“做盲人的感觉怎么样？”妈妈笑着问我。

“说实话，太难了！！”

“还有别的感受吗？”

“盲人的生活太不方便了，我以后出门要是遇到盲人，一定要帮他们！！！”我由衷地说。

虽然我只扮演了一个小时的盲人，但是我已经深刻体会到了他们的不容易。我下定决心以后要多帮助盲人！

童年记忆

童年的我，是一个充满想象力的孩子，喜欢一切和外星人、宇宙、外太空有关的东西。

记得我五岁时，有一天，妈妈说带我去一个宇航员吃饭的餐厅体验一下，我高兴极了！

刚到餐厅门口，就看见一位“宇航员”站在餐厅门口，一边不停地和小朋友们合影，一边招呼大家进餐厅吃饭。我兴奋地大叫：“妈妈快看，那有一位宇航员！”

进入餐厅，哇！果真是宇航员吃饭的地方啊！在餐厅中间，有一个宇航员模型漂浮在半空中，模型和真人一样大，我不停地问妈妈：“妈妈，这是真的宇航员吗？他怎么停在空中呢？他累不累呀？”“宝贝，这只是一个模型，不是真人。”“哦！”听到这个答案，我不再担心它掉下来了，但是也有了隐隐的失望——原来不是真的宇航员啊！

坐在桌子前，这个餐厅给了我一个大惊喜——食物是通过轨道送过来的！

我仔细观察了一下，每三张桌子组成一组桌子，由一个轨道负责传送食物。食物来自二楼的中央厨房，厨师们把食物放在小车上，小车出发的时候，我们桌子的点餐屏幕上就会显示：“× × 即将到达！”两三分钟之后，小车就会根据我的桌号自动停在我的面前。每次小车到达的时候，我都会激动地喊：“妈妈！小车来啦！”

在这里，很多食物都具有太空元素。例如，妈妈喝的咖啡，在这里叫作火星咖啡；我爱吃的薯条，在这里叫作月球薯条；我们用的杯子上画满了太空的图案……我在这里吃饭，真的有种在浩瀚宇宙里做客的感觉！

吃完离开的时候，我特别不舍，要求妈妈每个月都要带我来这里吃饭，因为这是我最喜欢的饭店！

这，就是我童年中最深的记忆！

幸福的时刻

什么是幸福？一千个人会有一千个答案。在我心中，幸福就是和家人在一起享受假日时光。

三年前的夏天，我和妈妈一起到香港迪士尼乐园游玩。还没有走进园区，远远地就看见有一个巨大的水柱托着一个米奇的形象站立在半空中，我激动地喊：“妈妈快看！空中米奇！”

我们进入园区，首先看到的是花车巡游。在动人的音乐声中，舞蹈演员们扮演成花仙子、仙女，一边走一边跳舞。他们面带微笑，时而翩翩起舞，时而向我们招手。我挤在人群中，一会儿往左看看，一会儿往右看看，简直看不过来了！

迪士尼园区里，在很多地方都可以和迪士尼动画人物合影。我最喜欢的是《冰雪奇缘》中的艾莎公主。为了和她合影，我特意穿上了艾莎公主的蓝色长裙。当她来到我面前时，我太开心了，高兴地说：“Hello, Elsa. Nice to meet you！”艾莎公主也开心地对我说：“Nice to meet you, too!”然后，她搂着我，一起合影留念。

在迪士尼，我和妈妈还一起看了狮子王歌舞剧。演员们扮演成非洲丛林里的动物，在音乐声中展现辛巴的成长过程。当看到辛巴被狮群驱逐的时候，我的眼泪忍不住流了下来。后来，辛巴又重新回到了狮群，把坏蛋刀疤赶走了，这时，场地里喷射出火苗，所有“动物”都载歌载舞，庆祝辛巴的回归，我们这些小朋友们也都激动地跳起来，小一点儿的孩子们更是手舞足蹈，全场气氛非常热烈！

游玩了一天，我和妈妈又累又渴，便走进一家冰淇淋店里，品尝了美味的冰激凌，让美食带走我们所有的疲惫，只留下欢乐和喜悦。

这就是我最幸福的时刻——和家人在一起享受美好假日的时刻！

“小马虎”的一天

书上有“没头脑”和“不高兴”，现实生活中我家有个“小马虎”！上周五，老师让我们观察小区的任意一种植物，先观察，然后写一篇说明性的作文。

我回到家中，高兴地对妈妈说：“妈妈，老师让我们观察一种小动物，我就观察咱们家的金鱼吧！”“好啊！”妈妈立刻给我搬了一只凳子，让我坐在鱼缸前面仔细观察起来。

观察完毕，我认真地写起作文来。写到一半的时候，我突然感觉好像哪里不太对劲儿，就打开记事本看了看。这时，我才发现自己太马虎啦，犯了一个大错误！我的耳边顿时响起了老师的声音：“从外形、颜色、用途等方面描写植物……”原来是让观察植物啊！唉，只好重新观察了！

我来到楼下，仔细观察起院子里的迎春花。它们一大簇一大簇地盛开着，黄得那么灿烂，就像黄金一样耀眼。花儿密密麻麻，挤挤挨挨地站在枝条上，就像一只只嫩黄的小鸟在那里充满喜悦地看着眼前的世界。

回到家里，我拿起作文纸和铅笔就开始写了起来。正当我写得起劲儿的时候，妈妈走进来，无意中说了一句：“你们现在写作业是用铅笔还是用钢笔啊？”“糟了！老师要求是用钢笔写！”

又白忙了。我只好重新拿了一张作文纸，用钢笔写了起来。

晚饭前，我终于写好了作文。坐在饭桌前，我和妈妈说起今天写作文的过程，我说："可真是一波三折啊！""你可真是个小马虎啊！"妈妈对我说。

哈哈，妈妈说得没错，我今天确实太马虎啦！

第二部分 人物篇

人生的路上，需要良师益友和亲人的陪伴。他们的笑容是我们前进的动力，他们的趣事是我们生活的笑点，他们的成功是我们的骄傲，他们的快乐就是我们的快乐！

“迷糊”的妈妈

亲爱的朋友，你的妈妈迷糊吗？唉，我的妈妈可能是世界上最“迷糊”的妈妈啦！

还记得我刚上小学的时候，我的妈妈经常迷迷糊糊地不知道帮我收拾书包。每天晚上她都会说：“哎呀，明天你要上什么课呀，要带这个吗？要带那个吗？”我实在受不了，只好按着记事本上记下来的要求自己收拾书包。虽然一开始我也会丢三落四，但是一个月之后我就能够又快又好地收拾书包了，而且哪天要带什么特殊的东西，我都记得非常清楚！

妈妈的“迷糊”不仅表现在替我收拾书包上，还表现在给我辅导作业上。每周都有那么几天，妈妈会看一看我的作业，边看边吃惊地说：“原来这个字要这样写啊！我都不知道呢！”每次听到这句话，我都在心里默默地感叹：“我的妈妈好迷糊啊，连这些字的笔顺都不知道啊！”我总结了一下，火、哥、情、满、潇、落、舅、鼠、凹、凸……得有四十多个字，妈妈都不知道正确的笔顺，每次都是看了我的作业才恍然大悟！

妈妈最“迷糊”的地方，就是一点儿也学不会怎么画小报！学校里经常要求我们画小报，很多同学的妈妈都会向自己的孩子伸出援手。而我的妈妈，虽然也在抖音上跟着博主学了好几次，但是她的脑子太迷糊了，怎么学也学不会，最后只好我自己完成小报作业了！无论是清明的诗配画，还是讲述春节的历史；无论是五一国际劳动节的海报，还是区里统一组织的生物多样性海报，全靠我自己完成！

每当我看到别人的妈妈帮自己的孩子做这个，做那个，我都羡慕极了——有那样的宝藏妈妈多好啊！

有一天，在电脑课上，老师问哪位同学能帮她现场制作一下 PPT。我立刻举手了！当帮老师完成 PPT 的时候，我开心极了，同学们也都纷纷向我投来了羡慕的眼光！

那一瞬间，我觉得有一个“迷糊”妈妈也很好！哈哈哈，我喜欢我的“迷糊”妈妈！

不服老的爷爷

一说到爷爷，大家是不是马上就想到白胡子的老年人，或者拄着拐杖的老年人？但是，我的爷爷却是一个不服老的“年轻人”！

我的爷爷每周都要染发，衣服也是穿的运动装。他的后背特别直，走起路来气宇轩昂，从外表看来，一点儿也不像一个七十多岁的老年人。

爷爷非常喜欢运动，他最擅长的就是打网球。每个周末，他都要和好朋友们一起在网球场度过半天。发球的时候，爷爷喜欢发内角S球，这样会给对手制造更多困难。只见爷爷将网球高高抛起，然后像甩鞭子那样挥拍，网球“嗖”的一下就飞了出去，落在对方的发球区。“好球！”我情不自禁地喊了出来。一个小时下来，爷爷已经大汗淋漓。他坐在场边猛喝了几口茶水，然后又神采奕奕地上场了。这精、气、神一点儿也不输对面的年轻人啊！

爷爷还非常喜欢画国画。为了练好国画，他专门拜了老师，每周都要去上课。每次学画回来，他都会在家里认真地练习再练习。一片小小的竹叶，他画了好几周；为了画好一只小鸟，足足练习了两个月。每天晚上，客厅里爷爷书桌上的灯都会亮到很晚，爷爷练习过的纸堆起来都快比我高了。爷爷学习的劲头比我学习的劲头还大，一点儿不像一个年逾古稀的老年人呢！

我问爷爷，为什么你看起来不像老年人呢？爷爷说他喜欢接受新鲜事物，从来不觉得年龄是他锻炼和学习的障碍。我猜，这就是爷爷不服老的原因吧！

小“闹闹”

“闹闹”是全家人送给表弟的“爱称”。人如其名，他从一生下来就是我们家最“闹”的人。

表弟上幼儿园之前，最喜欢坐摇摇车，每天都要坐好几次。有一次，他得了严重的感冒，刚刚好了一些，就要求去坐摇摇车。姨妈担心病情反复，不允许他去，表弟立刻施展出了自己的“闹功”。只见他光着脚，躺在客厅冰凉的地板上，一边踢着腿，一边摇头晃脑地哭着。边哭边喊着：“我要出去玩！我要出去玩！呜呜……”“哎呀，小祖宗啊，你的病刚刚好一点儿啊！！”姨妈见状赶紧拉他起来，试了几次都没有成功。十分钟之后，大家都被闹得不行了，只好带他去坐了摇摇车。

表弟上了幼儿园之后，“闹”劲儿依然。

上周末，表弟来我家玩儿，看到我的书房里有一个魔方，立刻感兴趣起来，不停地“闹”着我给他讲解关于魔方的知识。“姐姐，它为什么叫魔方呀？”“姐姐，这个魔方怎么还原呀？”“姐姐，这个棱块是怎么归位的呀？”……我走到哪里，表弟就拿着魔方跟我到哪里，不停地问我，闹得我都没办法复习功课了。“来吧，姨妈教你！”我的妈妈见状立刻出手替我解了围。随后的一个多小时，表弟“闹”着我的妈妈，要她给他一遍遍地讲解魔方还原的方法。后来，他终于大致学会了，我妈妈激动地抱着表弟狠狠地亲了一口。

“妈妈，你不觉得表弟太闹了吗？”我有点儿生气地对妈妈说。

“宝贝，小闹闹以前是胡闹，现在是对知识好奇，渴望多学些东西，这种“闹”值得表扬啊！你别忘了，你也经常闹着买书看呢！”

听了妈妈的话，我明白了“闹”与“闹”的不同。看来，表弟短时间不会丢掉“闹闹”这个昵称啦！

我的企鹅表弟

我有个远房弟弟叫团团，他特别喜欢企鹅。有多喜欢呢？简直就是把企鹅当作了他的生命！

在他很小的时候，他的妈妈给他买了一个大大的企鹅抱枕。那只抱枕做得非常逼真，摸起来毛茸茸的，躺在上面让人立刻想睡觉。从那时起，团团每天睡觉时都会抱着这只企鹅，如果大人把它拿走，他就会又哭又闹，仿佛被强盗抢走了最心爱的珍宝。

等他会走路之后，他就学会了企鹅走路。双手在身体两侧张开，就像企鹅的翼，然后摇摇晃晃地走起来。家里人看到他这么走路，都哈哈大笑起来，说他真是个“小企鹅”。

去年暑假，团团跟着家人去海洋馆，见到了真正的企鹅。回来之后，他激动地向我们介绍企鹅知识。

“姐姐，你知道最大的企鹅是什么吗？是帝企鹅！”

“姑姑，你见过企鹅孵蛋吗？它们要一直在冰上待两个月呢！”

“奶奶，你知道企鹅游泳怎么换气吗？”

这一趟海洋馆之旅之后，团团俨然已经成了“企鹅专家”，不停地对我们这些企鹅知识困难户进行发问和讲解。每次发问的时候，他都聚精会神地看着被提问的人，圆圆的小脸上一副认真学习的样子，大眼睛里都是对知识的渴望。当我们摇摇头表示不知道时，团团会非常耐心地给我们讲解，两只小手还经常比画一下，就像一位小老师。

“团团,你为什么这么喜欢企鹅啊？”有一天,我终于问出来全家人的疑惑。

“因为我觉得企鹅是世界上最可爱的动物，我长大了要当一名研究企鹅的科学家！”

原来是这样啊，看来团团这一生都要和企鹅结下不解之缘啦！

善良的“智多星”

一说到“智多星”，大家一定会想到梁山上的军师——吴用。你知道吗，我们班也有一个善良的“智多星”呢！

我们班上的“智多星”同学个子不高，圆圆的脸上戴着一副近视眼镜，镜片后面的眼睛总是笑眯眯的。“智多星”每次想办法的时候，总是歪着脑袋，用手抓抓头发，然后笑眯眯地说出自己的办法。

有一次，我们班集体乘车去参观园博园。到了那里之后，班上的张明突然发现忘了带手机了，这样就无法拍照了，那怎么完成作业呢？！张明急得不行，都快哭了。“智多星”想了想，说：“张明，咱们一起行动吧，你用我的手机拍照，然后再发到你的微信上，不就行了？”“太好了！耶！”张明立刻开心了，和“智多星”形影不离地开始参观了。

还记得有一次，我们班要制作一幅“特色”中国地图。怎么才能显得有特色呢？班会上，大家你一言，我一语，讨论个不停。既要有特色，又要便于制作，大家讨论了好久也没有达成一致。

这时，“智多星”说：“现在是春天，到处都是花儿。中国地图分成三个阶梯，是不同的颜色，咱们可以用花瓣和树叶拼中国地图，大家觉得呢？”“可以！”“这个方法好！”“我家院子里就有好多的花儿”大家纷纷表示同意。“那我们明天就带花瓣和树叶来！”

这时，只见王晓乐低着头，有点儿不大开心。

“你怎么了？”“智多星”走到王晓乐身边，悄悄地问。

“我今天放学要上课外班，回到家会很晚，来不及找花瓣了！”

“没关系，我帮你弄！”

第二天，“智多星”不仅给王晓乐带来了很多花瓣，还给整个班级带来了许多花瓣。在大家的通力合作下，我们的花香叶绿版中国地图顺利完成了，并且在校园艺术节上荣获了第一名！

这就是发生在善良的“智多星”身上的故事。和他做朋友，真开心啊！

清洁工人

有一些人，虽然我们很少看见他们，但是我们的生活处处离不开他们，就比如清洁工人。

每天早上四点钟的时候，天刚蒙蒙亮，我就能听到楼下有“唰……唰……”的声音，我知道这是清洁工人开始扫马路了。即使是在寒冷的冬天，每天早晨我也能准时听到这熟悉的扫地声。春天，他们扫的是花瓣；夏天，他们扫的是雨水；秋天，他们扫的是落叶；冬天，他们扫的是积雪。一年三百六十五天，每天都是同样的工作，每天却又是不同的内容。

记得在一个秋天的早晨，我要和妈妈去赶火车，所以很早就出门了。

只见一位清洁工阿姨包着头巾，穿着橘黄色的工作服，一下一下地打扫着马路边的落叶和银杏果。她把自己包裹得很严，工作服下面应该是厚厚的棉袄，随着大扫帚的挥动，她吐出一团又一团白气。她工作得非常专注。

就在我们等出租车的时候，妈妈发现忘了带一件行李，就拜托这位清洁工阿姨帮忙照看我一下，她回去拿行李。

“你几岁了？”阿姨温柔地问我。

“十岁。”我怯生生地说。

“我女儿十一岁了，在老家上学，也和你差不多高！”阿姨说这话的时候，仿佛想起了她的女儿，眼睛里似乎泛起些亮晶晶的东西。

……

“谢谢你啊，我们走了。”妈妈很快就回来了，向阿姨道了谢，然后带我赶火车去了。

在火车上，我一直在想阿姨说的那句话，我觉得她一定非常想念她的女儿。

从她的身上，我看仿佛看到许许多多的清洁工人为了给孩子创造更好一些的生活，不得不离开他们，到大城市打工。我们一定要珍惜清洁工人们的劳动果实，珍惜和爸爸、妈妈在一起的幸福生活！

他笑了

他是我们班上最胖的男生。每到体育课的时候，他总是非常不情愿地和大家一起锻炼身体。每年体育考试的时候，他更是愁眉苦脸地参加考试。虽然考试时他已经用尽全力了，但是成绩却总是不令人满意，始终排在班级最后。

新学期开始了，按照惯例，大家都会在本学期第一次班会上说说自己新学期的心愿。还记得那天轮到他发言了，他扭扭捏捏地站起来，小声地说："我的心愿是能够体育达标！"说完之后，他立刻坐下了，特别没有自信。老师却对他说："我相信你能做到！"

春天到了，我们课间有了更多的时间去自由活动了。我经常看到他利用中午的时间在校园里锻炼身体，有时是跳绳，有时是压腿，还有的时候是做波比跳。

刚开始的时候，他跳绳总是中断，一分钟也跳不了几个。一个多月之后的一个周末，我在学校旁边的街心花园里偶然碰到他在练跳绳。天啊，他进步得真快啊！一分钟的时间，虽然他跳得不快，但是只中断了一次，真的比以前强太多了！

我看他跳完之后，用毛巾擦了擦汗，坐在旁边休息了一会儿，就又接着开始练习了。这一次，他用无绳跳绳练习。先跳一百下，然后做开合跳，接着再跳一百下，之后又做起了踢腿……就这样，他做完一组休息一会儿，接着又跳。在阳光下，他脸上的汗水显得特别透亮。那汗珠里面包含着生机和坚毅，仿佛是胜利女神给他的奖励，让他不断地坚持，坚持！

看到这些，我好吃惊，真没想到他为了获得理想的体育成绩能够这么下功夫！

时间过得飞快，转眼间就到了6月份体育考试的时候了。在考试之前，我看他也非常紧张，但是老师一声令下，大家开始跳绳时，他跳得非常轻快，脸上是一副胸有成竹的表情。“停！”随着老师的命令声，大家都停了下来，大家依次向老师报数。“一百八十一！”轮到他了，他开心地报出了自己的跳绳成绩。

“你进步真大啊！”老师吃惊地说。

“谢谢老师！”他充满自信地回答。

那一刻，他笑了，笑得那么灿烂，那么阳光，仿佛世界为他打开了一道新的门！

诗词里的苏东坡

说到苏东坡，第一个跳入大家脑海中的词一定是“大诗人”！没错，他是我国历史上一位非常著名的诗人、词人，“唐宋八大家”之一。他的很多作品都脍炙人口，流传至今。

诗词中的苏东坡，是一个有情有义的人。他在最著名的《江城子》中描写了自己妻子去世之后的情景。“十年生死两茫茫，不思量，自难忘。千里孤坟，无处话凄凉。纵使相逢应不识，尘满面，鬓如霜。”字里行间，处处透露出“孤单”，苏东坡对妻子的思念让人心生感动，不由得潸然泪下。

诗词中的苏东坡，是一个充满了想象力的人。“明月几时有？把酒问青天。不知天上宫阙，今夕是何年。”虽然苏东坡满腹心事，但仍然神思高远而自由，想到月亮上散散心，聊聊天。

诗词中的苏东坡，是一个热爱生活的人。他吃河豚，写了“蒌蒿满地芦芽短，正是河豚欲上时”；喝豆粥，写了“地碓舂粳光似玉，沙瓶煮豆软如酥”；吃饼，写“小饼如嚼月，中有酥与饴”；做豆腐，写“煮豆作乳脂为酥，高烧油烛斟蜜酒”。

许多诗词都是苏东坡的人生写照，也是他的志向所托。诗词中的苏东坡，有率真的一面，也有忧愁的一面。他热爱生活，也胸怀天下。读着苏东坡的诗词，恍惚间，他好像就矗立在我的眼前，身姿清癯但不失伟岸，双目炯炯有神地望着远方，任由长须飘扬……

“咖啡星”人二三事

电影里有“冰山上的来客”，我家有一位“咖啡星”来客。

在我很小的时候，这位“咖啡星”来客就告诉我说，她来自神秘的咖啡星，如果早上不喝咖啡就会一直没精神。她让我称呼她为咖啡星人。

咖啡星人是一个非常爱收集咖啡杯的人。我家餐边柜中有整整一层装满了她收集来的各种咖啡杯。每个周末的早晨，咖啡星人都会从这一大片咖啡杯中选出一只“当日最美咖啡杯”，然后从五颜六色的咖啡胶囊中拿一个胶囊，给自己来一杯咖啡。有时候是简单的黑咖啡，有时候是拿铁咖啡，还有时候（通常是时间富裕的时候）是一杯摩卡咖啡，白白的奶油泡沫上还有些许的巧克力糖浆。咖啡星人经常说，生活已经很苦了，选一只心爱的咖啡杯，喝一杯醇美的咖啡，能给生活增加些许美好！

咖啡星人是一位非常勇于尝试新鲜事物的人。去年因为新冠疫情，我们全家都处于居家状态。咖啡星人经常试着制作奇怪的饮料，美其名曰：风味饮料。一天早上，她放下看了一半的《哈利·波特》，问我：“你想来一杯黄油啤酒吗？”我吃惊地说：“你会做黄油啤酒？！”她说：“世上无难事，看我做啤酒！”十分钟之后，她从厨房里端出一杯饮品来，上面是浓密的奶油泡沫。她对我说：“快尝尝吧！我觉得挺好喝的！”我半信半疑地看着她，又看了看那杯神秘饮料，说：“这能喝吗？”她说：“超级好喝，快喝一口，剩下的都是我的！”我犹犹豫豫地喝了一口，哎呀妈呀，真是说不出来的难喝味道，还很刺激味蕾。我当时就吐了出来！咖啡星人吃惊地说：“不好喝吗？我尝尝！”然后，她端起饮料，喝了一大口，也连连咳嗽起来，边咳嗽边说：“确实太难喝了！”“你用什么做的呀？”“我用的干姜水和奶油泡泡。”“哦！干姜水！我受不了那个味道！“我也受不了！”我和咖啡星人对着咳嗽，眼泪都快出来了。毫无疑问，黄油啤酒失败了！

咖啡星人还是一个非常乐观的人，虽然她经常尝试制作各种“奇怪”的饮料，而且一半情况下都失败了，但是她从来不因为失败而情绪低落。相反，她总是说：“看来我还需要多加练习啊！”在她的影响下，我也变得乐观起来。失败有什么大不了的，失败了就从头再来呗！

这就是我家的咖啡星人——我的妈妈。她用行动带给我生活的智慧和乐趣，和她在一起的时光是最快乐的时光！我喜欢这个咖啡星人！

第三部分 美景篇

读万卷书、行万里路，是很多人的理想。在旅途中，我们不仅能享受到美食、美景，还能充分领略不同的风土人情，快来跟着我的脚步一起欣赏祖国的大好河山吧！

推荐一个好地方——三亚

朋友，你知道祖国南海上的明珠——三亚吗？如果你想选择一个度假胜地，三亚应该是你的不二之选！

三亚位于海南岛的最南端，椰林树影，水清沙幼，是我最喜欢的地方！

首先，我要向大家推荐三亚的美食！三亚有超甜的菠萝、种类繁多的杧果、新鲜的杨桃、大个的椰子……尤其是杨桃，一口咬下去，酸酸甜甜的果汁立刻充满了我的口腔，香甜的味道让我仿佛置身于水果的海洋，再也不想出来。三亚还有独具特色的椰子饭、菠萝饭、文昌鸡、嘉积鸭、帝王蟹、蒜蓉扇贝、海胆鸡蛋……一想到这些美食，我就恨不得立刻飞到三亚去大吃一顿！

第二，我要向大家推荐三亚的沙滩。在海边，走在高高的椰子树下，喝着清凉的椰汁，呼吸着新鲜的空气，感觉所有的忧愁都烟消云散了！在沙滩上，我喜欢堆海沙造型，有时候是沙堡，有时候是围墙，有时候是一棵树……玩累了，我就躺在柔软的沙子上，把两脚浸在海水中，真舒服啊！

第三，我要向大家推荐三亚的呀诺达雨林文化旅游区。那里有溯溪、高空速降、高空秋千、玻璃栈道等各种游乐设施，还有无穷无尽的雨林等着大家去探险。在呀诺达，同样的东西玩了十几遍都不觉得枯燥！

这就是我最喜欢的三亚，欢迎大家来三亚！

我的古北水镇一日游

早就听说过古北水镇的大名，今年冬天，我终于来到了古北水镇，体验一下古时的生活。

古北水镇坐落于北京市密云区古北口镇司马台村，因位于古北口附近且兼有江南水乡乌镇的风格而得名。水镇总面积九平方千米，于 2014 年正式对外营业，是长城脚下最具有特色的小镇。

我是正月初二来小镇的。那时天真冷啊！我穿着两层羽绒服，外面的羽绒服长达脚背，脚上是妈妈借给我的超厚雪地靴，脖子里围得是羊绒大围巾，再加上帽子、手套，全副武装，只露了两个眼睛在外面。

一进入水镇，我就看见一条冻成了冰的小河，很多大人、小孩在冰上玩耍。我立刻拉着妈妈跑过去，我想玩冰上自行车！几分钟后，我和妈妈就骑上了一辆双人冰上自行车，由于是两个人并排骑，所以一定要保持节奏和力气的均衡，才能让自行车顺利向前走。我和妈妈一开始没有掌握好技巧，自行车总是原地打转。后来，我们明白了原理，妈妈喊着“一，二，三”，我就和她一起匀速发力。啊！我们的自行车终于向前走了！可是，没蹬几下，我就没力气了，但是妈妈还在很努力地蹬着，我们一下子就又开始原地打转了！而且，因为妈妈的力气太大了，冰面又太光滑了，我们一下子连续转了十几圈才停下来！我惊惧中夹杂着些许欣喜，不停地叫喊着：“啊！快停下来！！”

结束了一个小时的冰上自行车活动，我开始细细游览水镇。镇上所有的房间都是仿古建筑，都有两扇对开的门，高高的门槛，小小的窗户。这些建筑各有各的用途，有的是饭店，有的是酒吧，有的是小商店。在其中的一个商店里，我买了一只小巧的兔子灯，妈妈说等到正月十五的时候，就让我打着这个兔子灯去找兔儿爷玩！

沿着石板小路，我们一路走一路看，不知不觉就到了八旗广场。这是一座很大的广场，广场中间有八根五六米高的柱子，柱子上各飘着一面不同的旗帜，有纯色的，也有镶着边的。妈妈说这八面不同的旗帜，代表了清代满族的八旗制度。哦，原来"八旗子弟"的名字就是这样来的呀！我突然明白了！

八旗广场上有八个大炉子，那里出售烤羊肉串、羊杂汤等等小吃。这些东西刚出锅的时候还是热气腾腾的，但是几分钟之后就凉了。看来，古代在这里戍守长城的士兵的日子真是不好受呀，估计冬天根本吃不上热饭啊！

天渐渐黑了，远处司马台长城亮灯了。长城在山上蜿蜒起伏，在装饰灯的衬托下，显得格外苍茫。当年的人在修长城的时候，肯定想不到两千年后长城变成了游览胜地，也想不到长城脚下还有这样一个宛如江南的小镇吧！

一天的游玩很快就要结束了，我一边裹在厚厚的羽绒服中感叹天真冷啊，古代戍守长城的将士真不容易啊，一边兴奋无比地左顾右盼，无论是冰雕还是烤肉，这里的一切都是那么新鲜好玩！

古北水镇，一个融合古典韵味和现代风情的地方，一个融合过去北地苦寒和如今城市生活的地方。我太喜欢这里啦！欢迎您也来古北水镇玩！

神奇的探险之旅

我是一个特别喜欢户外活动的女孩子，每个假期，我都要到郊区远足，几年下来，我对北京郊区好玩的地方几乎如数家珍！

什么？您还没去过北京的山区？那我就用我的一段神奇探险之旅为您揭开北京西部山区的神秘面纱吧！

今年春节的时候，我和家人参加了一个儿童游戏。游戏的内容是到北京西部山区“探险”，我们要用一天的时间，根据游戏中给出的线索，找到目的地。

到达出发地点之后，我打开寻宝地图，很快就发现了第一个线索。线索就在一棵古树上，是一个纸条。我打开一看，上面画着一个古代的大器皿，看起来有点儿像“后母戊鼎”，但是是个圆形的器皿。妈妈想了一会儿说：“好像东城簋街的簋！”“有点儿像！”我立刻点头道，“估计和古代有关系，估计和这种大锅有关系！”

接下来，我们按照寻宝地图的指引，前往第二个地点。我们需要穿过一片灌木丛，那里只有一条很窄的小路。北方的冬天非常冷，我和妈妈裹得厚厚的，都拿着一根登山杖，缓慢地穿过小路。

在第二个地点，我又找到了线索，那是一个字谜。谜面是：不到黄昏梦未成（打一字）。我冥思苦想了好一阵儿，翻来覆去地看着这句话。“我知道了！”我灵机一动，想到了答案，那就是“林”字！

根据地图，我们现在需要翻过这座小山，到山的背面去。我真是一点儿也不想动了，但是妈妈鼓励我坚持，坚持，再坚持！妈妈在前面一步一步地爬山，我在后面拉着妈妈的衣服，借助妈妈的力量往前走。

“啊！吓死我啦！”妈妈突然大叫起来。我和妈妈立刻搂抱在一起。我定睛一看，原来是一只松鼠跑了过去。

“妈妈，你也太胆小啦！那是一只松鼠啊！”

“那也好吓人啊！”

经历了这场松鼠偶遇，我和妈妈开始边大声唱歌边爬山，一方面给自己壮胆，一方面缓解爬山的疲劳。

终于到达了第三个地点，我看到了一面大旗挂在树上。旗上画着一团火，我猜这就是第三个线索了吧！

这个游戏要求我们找到三个线索才能揭开谜底。妈妈和我一起开始思考，一个古代大锅，一个“林”字，一个“火”字，三个东西放在一起，又在北京西部山区，是个什么地点呢？我和妈妈想了又想，突然，我想到好像在那里看到一段文字，说的是北京西部山区有一个古老的村落，村子的名字特别复杂，那个字的下面就是火。

“妈妈，还记得那个村子吗？叫什么来着？”我着急地问妈妈。

“哪个村子啊？”很明显，妈妈还没跟上我的思路。

“就是那个！那个！那个我不认识的！”我一着急，开始语无伦次了。

“哦，哦，我知道了！是不是爨底下村?！”妈妈和我想到一起了!

“对，对，就是它！”我们两个人异口同声道。

原来，这个探险游戏的目的地就是爨底下村啊!

我和妈妈又看了一眼地图，我们转个小弯儿就回到最初的停车场了。就这样，我们马上回到车上，打开导航，直奔目的地去了!

大约开了十分钟，我们就来到了这座北京西部保留最完整的古代村落。在那个大大的“爨”字前，我和妈妈开心地拍照留念。这是我第一次玩探险游戏，太有意思啦!

亲爱的朋友，看完我的探险之旅，您是不是也想来亲自体验一下啊?

游北海公园

“让我们荡起双桨，小船儿推开波浪……”一看到这句歌词，您是不是马上就跟着唱了起来？这首脍炙人口的歌描写的就是春夏之交北海公园的景色。

北海公园的水面与中南海相连。“海”来自蒙古语，是“大水洼”的意思。由于这一片水域位于整个水域的北部，因而得名“北海”。

北海公园的最南端是团城，功能上与古代的瓮城一样。团城有内外两道大门，可以起到防御外敌的作用。

从团城进入公园，首先映入人们眼帘的就是一片很大的湖。湖边有许多柳树，长长的枝条垂在湖面的上方，就像仙女的头发散落在镜面上一样。湖中有许多游船。游人们蹬着各式各样的脚踏船，在湖面上畅快地游览。看，那边过来了一个白天鹅船，船上是一家四口，两个小孩子在欢快地唱歌，爸爸妈妈一边蹬船，一边笑得前仰后合。这边又过来了一艘大龙船，船上坐了五六位老年游客。他们都戴着宽大的遮阳帽，配上五颜六色的丝巾，慢慢悠悠地蹬着船，一边游览，一边开心地说说笑笑，仿佛是在感慨现在的生活多么美好，又仿佛是在共同回忆曾经的年少时光。

湖边的小路上，游人如织。路旁开满了各种各样的鲜花。游客们纷纷驻足，和花儿合影，似乎要把春天永远留在自己的记忆中。有的游客是在健步走，他们穿着运动服，走得飞快，春光洒在他们身上，仿佛为他们注入了无限的活力。

我和妈妈一路走一路看，不知不觉就来到了北海公园的西侧。这里有一个巨大的九龙壁，是全国仅存的三大九龙壁之一，也是唯一的一个双面九龙壁，它可是北海公园的镇园之宝啊！九龙壁上共有大大小小六百三十五条龙，壁面前后各有九条巨大的浮雕龙，故称“九龙壁”。这些龙形态各异，栩栩如生，吸引着游客们纷纷驻足欣赏。

在北海公园，既能亲密接触大自然，还能学到很多历史知识，又能常常被健身达人们的精神所激励，因此我最喜欢到这里来玩儿了！

春天的味道

春天来了，带着她独有的味道……

春天的味道，是香的。公园里、街道旁，到处都是盛开的花儿。粉红的是桃花，白色的是梨花，紫色的是海棠花，它们一团一团地挤在一起，在枝头欢笑。空气中飘散的都是花香，有时清淡，有时浓烈，走在花儿旁边，仿佛自己也穿上了一件洒了香水的外衣。

春天的味道是甜的。春天也有许多成熟的水果。海南的小杧果已经上市了，切开一个，哇，香甜的杧果汁立刻流了下来。咬一口，那种甜丝丝的味道立刻充满了整个口腔。吃完一个杧果，心旷神怡，精神抖擞！

春天的味道是湿润的。三四月份，常常“天街小雨润如酥”。一场春雨之后，空气格外清新。我在户外努力呼吸着这清新、湿润的空气，仿佛把肺里面积累了一冬天的浊气都排了出去。湿润的空气，让我全身上下每一个毛孔都张开了，接受着春天的洗礼。

春天的味道是绿茶味的。春天是绿茶采摘的时节。刚刚摘下的茶叶，经过简单的处理，就可以冲泡成一杯绿茶了。忙完了一天的工作，或者外出奔波归来，泡上一杯绿茶，茶叶的清香和茶水的回甘能将一切疲惫消除，让身体得到充分放松。

春天还有上百种味道，等着我们一起去品味！

四季之美

我的窗外，是一座公园。

春天，窗外是一片花海。高处的是粉色的桃花，中间的是紫色的海棠，低处的是嫩黄的连翘；近处的是几株盛开着的白玉兰，远处的是一抹抹粉粉白白的梨花、杏花。每天看着这些五颜六色的花朵，感觉我的生命都带上了色彩，让我有一种冲动，想马上冲进花的海洋中，欢快地跳舞和歌唱。

夏天，窗外是知了的天下。杨树的叶子已经像手掌那么大了，柳树的叶子也布满了枝条。一眼望出去，是深绿、浅绿、翠绿、墨绿……各种各样的绿。在这些绿色的掩护下，知了多极了。它们在每一个午后都拼命地唱歌，仿佛要把我们全部催眠，让我们在炎热的夏天能好好地睡个午觉。

秋天，窗外是果实的世界。还记得春天的花海吗？有多少种花，就有多少种果实。我最喜欢看的是柿子树上的柿子。那种纯正的橙色点缀在枝头，仿佛是一盏盏小灯笼，又像是一颗颗黄水晶，吸引着我们。秋天也是鸟儿最开心的季节。它们今天吃柿子，明天吃李子，后天吃苹果，哪里的果子成熟了，它们就会成群结队地飞向哪里，开始自己的饕餮盛宴。

冬天，窗外是严寒和冰雪的乐章。我最喜欢看雪后的公园，到处银装素裹，到处白雪皑皑。白色象征着纯洁，白色孕育着生命。许多孩子在雪地里奔跑，打闹，堆雪人，打雪仗……雪是孩子们的玩具，雪也是孩子们的朋友。看到他们在雪地里玩得那么开心，我也常常会加入他们的队伍，跟他们一起感受冰雪带给我们的快乐！

罗丹说，生活中从不缺少美，而是缺少发现美的眼睛。我的窗户就是画框，每一季都为我描绘出不同的美景风景画。我爱这美丽的四季！

雪

挪威，是一个离不开雪的地方。

小时候，有一年冬天，我和妈妈一起到挪威上学。在那里，我彻底爱上了雪。

挪威的冬季很漫长，从 11 月份到第二年的 4 月，几乎每周都会下雪。虽然经常下雪，但是挪威的室内非常温暖。我最喜欢坐在温暖的客厅，透过大大的窗户，看晶莹的雪花从天而降。

有时候，雪下得特别急，雪花又大又密，不停地从天上降落下来，一会儿就能把地面盖得严严实实。因为雪太大了，所以远处是白茫茫的一片，天地间仿佛都变成了白色的世界，就像电影《冰雪奇缘》中的冰雪世界那样，天地间只有白色，没有其他的颜色。

有时候，雪下得很缓慢，雪花随意地飘洒在空中，随着风飘来飘去。这时候，我常常会进入想象之中，一会儿幻想自己是只小兔子，一会儿幻想自己是位公主……

有时候，放学路上就开始下雪。我爱伸出手去接雪花，隔着手套，雪花不会马上融化，它就停留在我的手套上，一片，两片，三片……雪花非常干净，晶莹剔透，每一片都是独一无二的艺术品。站在雪里，我的身上很快就会落满雪花。如果我能变成圣诞老人就好了，哈哈！

雪的世界非常清凉，可以让我的头脑非常清醒。雪的世界也非常湿润，呼吸着这清新湿润的空气，我感觉自己从上到下都非常轻松。每次走在雪里，我都会贪婪地呼吸着。啊，真舒服！

很快，我就和妈妈回国了。但是，挪威的雪让我久久不能忘怀！

精彩的校园生活

我的小学校园虽然不大，但是处处都体现着校园生活的精彩，处处都让人难以忘怀！

最能体现精彩校园生活的地方就是操场东面的菜园。您可别小看这个菜园，虽然它只有二十五平方米那么大，但是我从这里学到了很多知识呢！按照学校的安排，四五年级的同学负责照料菜园，每个班有一垄地，想种什么都可以。我们班今年种的是韭菜，因为我们想看看韭菜是不是割了一茬之后很快就能长出来新的一茬！我在这个小小的菜园里，认识了白菜、萝卜等蔬菜和一些粮油作物，还学会了播种，浇水，施肥……经过了一年的“田间劳动”，我觉得我已经成长为新时代的种菜能手了呢！

第二处能体现精彩校园生活的地方就是大门口的艺术展示区。每个学期，这里都会举办两次同学们的艺术成果展，展出的项目有画画、书法、雕塑、手工艺……只要是同学们自己做的、和艺术相关的东西，都可以在这里展出！去年，这里展出了我的一幅丙烯画，画的是深秋的白桦林。展出之后，同学们纷纷赞叹画得真好！在这个艺术展示区，我见到了用彩泥制作的外星人、用贝壳拼出来的大公鸡；了解了什么是小篆，什么是隶书；还学会了区分什么是工笔画，什么是写意画……每当更换展品的时候，我们所有人都会在这里驻足，仔仔细细地观赏新的艺术品，经常听见人群中有人说：“哇，快看这个！”“那个怎么做得呀？好逼真啊！”各种赞叹声不绝于耳。

校园中还有许多能体现精彩校园生活的地方，例如我们的体操教室，我们的音乐小屋，我们的图书角……这些地方各有各的精彩，各有各的美好。

朋友们，听完了我的介绍，您是不是也想到了自己精彩的校园生活呢？快来和我们分享一下吧！

我爱紫叶李

我家楼下有一棵紫叶李。

这棵紫叶李非常高大，有两三层楼那么高，树冠也非常大，直径大约有三米呢！它的树干足足有一人环抱那么粗，上面布满了沟壑，就像是一位百岁老人的面庞。紫叶李的叶片小小的，暗紫色，所以被称“紫叶”李。

春天，紫叶李会开出许多白色的小花。这些花朵五瓣一朵，中间是红色的花蕊。花朵藏在叶子的中间，白色的花和暗紫色的树叶搭配在一起，远远望去，像是一个仙女，披着紫色的头发，头发上点缀着无数白色的小珍珠。紫叶李的花非常香，走在树旁，深深吸一大口气，啊，心旷神怡！

夏天，紫叶李的叶子已经完全长大了，浓密的树荫下是我们乘凉和玩耍的好去处。树下凉风习习，我常和同学们在紫叶李树下做游戏，有时是跳房子，有时是翻绳子，总是玩得不亦乐乎。

初秋，紫叶李的果实成熟了！紫叶李，顾名思义，结出的就是一个个李子啊！它的李子大约像鹌鹑蛋那么大，两三个一簇，挂在一起。李子的颜色是暗紫色的，果肉非常饱满，果皮上多挂着白霜，看起来非常诱人。每当这个时候，小区里的小鸟们就会聚集在紫叶李的枝头，啄食这些美味的甜点！

冬天，几场大风之后，紫叶李只剩下光秃秃的树干和枝条了。它静静地站在那里，仿佛以傲然的身躯在迎接着寒冬的冰雪，又仿佛正在吸收天地之间的精华，养精蓄锐，等待春天的到来！

紫叶李春天为我们带来花香，夏天为我们带来清凉，初秋为我们带来果实，冬天为我们带来梦想。

一年又一年，我和紫叶李一起成长，在它的身上，我看到了奉献，看到了不屈，看到了坚持。

我爱紫叶李！

第四部分 科幻篇

充满幻想，拥抱未来。在我的小脑瓜中有无数奇思妙想：仙女是我的朋友，科技是我的助手，动物也会说话。

只有做不到，没有想不到！

我和嫦娥姐姐的一天

一天，我正呆呆地望着月亮，忽然，一束光落在了我的身边。我定睛一看，是嫦娥姐姐从光里走了出来！

我顿时目瞪口呆，疑惑地问：“嫦娥姐姐，你怎么来我家了？！”“我在月宫里待得很无聊，所以我来找你玩啊！”嫦娥姐姐笑眯眯地说。“那我带您去看看祖国的大好河山吧，我保证您会觉得很有意思！”

说走就走，嫦娥姐姐一挥手，就带着我飞上了蔚蓝的天空。一分钟后，我们就来到了故宫。站在故宫的御花园里，嫦娥姐姐四处望了望，说：“这里怎么和清朝时不一样了啊，多了好多的花草树木，变得就像江南一样美！”我笑嘻嘻地说：“嫦娥姐姐，现在技术发达啦，南方的花草也能在北方生长了！”

嫦娥姐姐说：“现在是深秋，听说香山的红叶最美，我们去看看吧？”我点点头，欣然同意。嫦娥姐姐拉着我再次飞上天空，一转眼，我们就来到了香山。啊！香山的红叶果真美得无与伦比。有些树叶是红色的，有些树叶是黄色的，有些树叶仍然是绿色的，这些颜色交织在一起，远远望去，就像给香山盖上了一块五彩斑斓的毯子，让人不得不感叹大自然的鬼斧神工！

离开了香山，嫦娥姐姐又带着我去了西湖。我们沿着湖堤散步，欣赏着三潭印月的风光，呼吸着沁人心脾的桂花香味。啊！夜晚的西湖就像西施，温柔而沉静，美丽却不妖娆！

夜深了，嫦娥姐姐不得不回月宫了，我们两个依依惜别，约定明年再见。

今天的经历真奇妙啊！嫦娥姐姐，我在地球等你啊！

故事新编之龟兔赛跑

话说第一次龟兔赛跑之后，兔子输给了乌龟，心里一直暗暗反思：“我的失败在于轻敌。正是由于轻敌，我才会偷懒；由于偷懒，我才会失败。今后，我对谁都不能轻视，要知道谁都有长处。”

有一天，兔子在田野里又遇上了乌龟，和它约定三个月后再比赛一次。三个月一转眼就过去了。到了比赛的时候，裁判员的发令枪一响，兔子就像离弦的箭一样冲了出去，乌龟也在努力地向前跑。说时迟那时快，一转眼，兔子就领先乌龟二十米了。

就在这时，兔子听见身后传来一声大叫：“啊！我的脚啊！啊！！！”兔子停下了脚步，回头一看，乌龟抱着自己的脚，坐在地上，疼得死去活来。兔子飞快地跑到乌龟身边，关心地问：“你怎么啦？你还能走吗？”乌龟咧着嘴，断断续续地说：“脚！……疼！！……估计是扭着脚啦！”兔子顿时也着急了，四处看看是否有其他动物能来帮忙，却发现周围连一个动物的影子都没有！兔子一咬牙，就背起了乌龟，大声说：“乌龟，你坚持一下，我背你到终点！”

就这样，兔子背着乌龟，一步一步地走到终点。乌龟激动地说：“兔子，你真好！这场比赛你赢了！”

兔子说：“不！咱们俩同时到了终点，所以我们都赢了！”

如果我是一只小鸟

如果我是一只小鸟，我每天都要飞到那个可爱的小姑娘的窗前，用我最好听的歌声把她从睡梦中唤醒！她是一个非常有爱心的小姑娘，经常会往楼下的鸟儿小屋里放鸟食，生怕鸟儿饿肚子。我愿意停留在她的窗外，叽叽喳喳地叫，希望她每天都从我的歌声中醒来，幸福地开启一天的新生活。

如果我是一只小鸟，我要经常到郊外那片小树林去玩儿。在那里，我能呼吸到新鲜的空气。我喜欢在树林里飞翔，风从我的脸庞拂过，我感觉到一种清凉。我喜欢吃那棵树的红果子，小小的果子又酸又甜，但是只有秋天才能吃到。我最喜欢在落日的余晖中吃果子，一边吃一边倾听周围别的鸟儿的歌唱。当我吃饱之后，我也会和它们一起唱歌，抒发自己的喜悦之情！

如果我是一只小鸟，我会在这个城市的最高处找一个地方筑巢。我喜欢森林，但是我也喜欢都市。都市的晚上，到处都是温暖的橘黄的灯光，到处都是饭菜的香味，我喜欢这种合家欢乐的气氛，我喜欢看到每个人脸上的笑容。如果我能在最高的大楼上筑巢，我就能看到更多的笑容，听到更多的笑声。

真希望我是一只快乐的小鸟啊！

我想这样设计我

如果我有超能力，我想这样设计我！

首先，我想有一个极度聪明的大脑。凡是我想学的东西，我看一遍就会了；凡是我想记住的东西，我听一遍就记住了。这样，我就再也不会为奥数、托福这样的事情而烦恼啦！我也能迅速成为钢琴家、画家、书法家……

其次，我想有一副非常好的体魄。我的身体非常柔软灵活，劈叉、下腰都不在话下！我的运动神经非常发达，打羽毛球、踢毽子一学就会，而且能做得特别好。我的爆发力非常强，五十米和一百米短跑我能遥遥领先。我的心肺功能也非常强，高速跳绳五分钟一点儿问题也没有，而且还能跳一千下呢！

第三，我想能感知别人内心的活动。当我和别人在一起的时候，即使她不说话，我也能知道她心里在想什么。这样，我就能预料到妈妈是不是要发火，老师要提问什么问题，同学想要和我聊什么话题！

听说现在的人工智能已经非常发达了，还有许多科学家在研究脑机接口，也就是如何把机器掌握的知识和技能瞬间转移到我们的大脑中。

我设计的“未来的我”，现在看来似乎是天方夜谭，但是我相信在不久的将来，人工智能技术一定能让人类具备这样的“超能力”！

未来生活畅想曲

这几天，一个让大家无比吃惊的软件 ChatGPT 迅速风靡全球。开发者介绍说，ChatGPT 已经具备了部分 AI（人工智能）的能力，可以用机器的智慧帮我们做很多事情。

听到这些，我不禁畅想起未来和 AI 一起生活的场景。

“早上好！”一大早，AI 机器人会准时喊我起床，我再也不会因为忘记定闹钟而晚起了。

“今天天气有点儿凉，您多穿一件风衣吧！”AI 机器人能自动地为我做好各种生活服务。就拿穿衣服这件事情来说吧，它会综合天气、教室温度、今天是坐车还是走路等各种因素，为我准备好上学要穿的衣服。

下午放学的时候，AI 机器人会在校门口等我，帮我拿书包，陪我一起走路回家。

“小心！”过马路时，它一把抓住了我。“嗖”，一辆右转的小汽车飞驰而过，好险啊！我看到绿灯就开始过马路，完全没有想到还有车辆右转，如果不是它“眼观六路”，我就有可能被撞到呢！

“小主人，今天没有风，咱们在小区里锻炼一下吧，再观察观察植物，您周末还要写作文呢！”刚到小区，AI 机器人就提醒我。对啊，我周末还要写《我的植物朋友》呢，我这就仔细观察一下院子里的植物吧！

“小主人，我和您一起背一下英语单词吧。今天咱们熟悉一下标准的英国发音吧。来，第一个单词，attempt。”晚上九点半，英语时间到了，AI机器人开始用无比标准的发音帮我背诵英语单词。和它在一起，宛如我有了英国朋友，美国朋友，法国朋友……它能化身成各种各样的朋友，帮我学习语言。

朋友们，听完了我对未来生活的畅想，你是不是感觉AI机器人就是一个无所不能、无微不至的好朋友呢？让我们一起期待它走进千家万户，走进我们的生活吧！

我的奇思妙想

我非常喜欢奇思妙想。最近，我经常想的是：如果科技非常发达了，我的生活会变成什么样子。

我猜，那时候医生们已经研究出了各种各样的营养胶囊，每天只需吃几粒，就能立刻充满能量，并且可以保持一天都不饿了呢！这样大家就有了更多的时间去游戏，打球，游泳，学习。

我猜，那时候我们的衣服也会是高科技的成果。衣服一定非常轻薄，穿在身上就像羽毛一样。别看它只有这样薄薄的一层，但是冬暖夏凉。冬天，无论下多大的雪，它都让我感觉温暖如春；夏天，无论天气多么热，它都让我感觉凉风习习。它还有一个神奇之处，那就是能随心所欲地变换颜色。当我开心时，我就把它变成彩色的；当我心情不好时，我就把它变成灰色的。它就是我心情的晴雨表。

我猜，那时候我也不用写这么多作业了。只要戴上一个神奇的头盔，无数知识就会自动进入我的大脑。每天我只要戴着它睡一觉，第二天起来，数学、语文、英语、科学等各种知识就自动出现在我的大脑中，我拿起笔就能做题，而且门门都是满分呢！我猜这肯定是所有小朋友最渴望出现的高科技产品！

以上就是我最近常常生发的“奇思妙想”，真希望它们能早日从幻想变成现实！

第五部分 其他篇

每当我坐在书桌前，拿起笔，记录自己的心情，一种酣畅淋漓的愉悦之感就油然而生。读书使我明智，写作使我进步。来，一起欣赏我的作品吧！

我的动物朋友

“喵……喵喵……”，还记得去年的某一天，我一进家门，就看见一只陌生的小猫在沙发上趴着。它小心翼翼地四处张望着，时不时地发出细弱的喵喵声。

“梓萱，这是我们家的新成员，你喜欢吗？”正当我疑惑地看着小猫时，妈妈从厨房走了出来，笑眯眯地对我说。

“啊，真的啊，那我就叫它猫猫吧！欢迎猫猫！”我开心地坐在小猫的身边，轻轻地抱起了它。

猫猫个子很小，还不到三十厘米长，全身都是黄色的。小小的眼睛特别有神，两个瞳孔是深灰色的，可以随着光线的强弱而发生变化。当它跳起来时，它的尾巴会高高地竖起来；当它缓缓地走路时，它的尾巴又会左右摇摆起来。

猫猫非常通人性，当我不开心的时候，它会安慰我；当我开心时，它会和我一起开心；当我写作业时，它会悄悄地溜到客厅去，一点儿也不会打扰我。还记得有一次，我被妈妈批评了，正坐在书桌前委屈地哭个不停。猫猫轻轻地跳上书桌，用头不停地蹭着我的胳膊，一边蹭一边轻轻地发出“喵喵”的声音，仿佛在说：“小主人，世界上没有什么事情是过不去的，也许将来你会遇到更多让你伤心的事情呢！“我哭了一会儿，看着猫猫可怜巴巴的眼睛，伸手摸了摸它柔软的身体，感觉有一种温暖注入了我的心田。

猫猫一直陪伴着我，是我最好的动物朋友。我会永远爱它！

一座通向未来的桥

——读《长征精神青少年读本》有感

在一条湍急的大河边，有一座通向未来的铁桥。

1935 年 5 月，红军正是通过这座桥，顺利突破国民党反动派的包围，从而为北上抗日奠定了基础。它，就是大渡河边的泸定桥！

泸定桥已经有三百多年的历史了，它由十三根铁链组成，底部的铁链上铺着木板，供人行走。桥的两头都是高山，桥下是大渡河汹涌的河水。过桥时，需要紧紧抓牢铁链，一步一步小心地向前走，否则，一不留心掉下去，就会瞬间被河水吞没，永远消失……

1935 年 5 月 28 日，红四团接到红一军团命令，需要一天之内到达百里之外的泸定桥。接到命令后，红四团昼夜兼程急行军，终于在 29 日早晨赶到了大渡河边的泸定桥，给敌人来了个措手不及。

当时的泸定桥周围已经进入战斗状态，敌人拆去了所有桥板，并在桥头部署了机枪部队，虎视眈眈地对着桥面，等着红军“自投罗网”。

下午 4 点，连长廖大珠、指导员王海云率领其他二十名勇士开始夺桥突击。他们冒着枪林弹雨，爬着光溜溜的铁索链，勇敢地前进。三名战士在王友才的率领下，背着枪，一手抱着木板，一手抓着铁链，在敌人密集的炮火中边前进边铺桥板。当勇士们爬到桥中间时，敌人在桥头突然放起大火，妄图以烈火阻断红军前行。面对这场大火，飞夺泸定桥的勇士们没有迟疑，没有退缩，反而越战越勇，他们高喊着“同志们，这是胜利的最后关头，鼓足勇气，冲过去！莫怕火，冲呀！敌人垮了，冲呀！”只见连长廖大珠一跃而起，踏上桥板，扑向敌人。在他的带领下，其他勇士也冲了上来，与敌人展开面对面厮杀。此时，政委杨成武率领队伍冲了过来，和先期过桥的红军战士们一起打败了守桥的敌军，顺利地夺下泸定桥。

红四团仅仅用了两个小时，就完成了“不可能完成”的任务，创造了世界战争史上的奇迹，为北上抗日打开了前进之路、生存之路、未来之路！正是从此时起，光明依稀出现在红军眼前，通向胜利的大门正在徐徐打开！

看完《长征精神青少年读本》这本书，我常常掩卷沉思：是什么让红军战士不畏牺牲、勇往直前的呢？难道他们不怕疼，不怕牺牲吗？

我猜，是因为他们心中有一个坚定的信念——宁愿牺牲小我，也要成就大我。只要能够改变旧中国，建设新中国，能够让所有中国人都过上幸福生活，那就值得去战斗，去牺牲！

英雄也是血肉之躯，也是平凡之躯，也有父母儿女。伟大来自平凡，平凡孕育了伟大。我辈自当奋起，继承革命遗志，传承革命精神，永记“长征”在心中，永远“长征”在路上！

红楼有情，灵魂有香

——读《红楼梦》有感

愿侬此日生双翼，随花飞到天尽头。

天尽头，何处有香丘？

每当我打开《红楼梦》，读到《葬花吟》，心中就会涌出无限的感慨，仿佛那柔弱的黛玉就在我的面前。

黛玉，虽身世坎坷但幸有宝玉相知相伴，虽幸有宝玉相知相伴但仍悲惨离世。她的一生虽然极其短暂，也未能如愿与宝玉结为夫妻，但仍如繁花一般，曾经极其绚烂地盛开在大观园之中，盛开在宝玉的生命里。

贾宝玉不爱读书，将读书入科举仕途说成是禄蠹，更对别人劝他积极向上极其反感。史湘云劝他读书，他当场翻脸与湘云争吵，生气地说：“姑娘请到别的姊妹屋里坐坐，我这里仔细污了你知经济学问的。”袭人告诉湘云曾经薛宝钗也说过类似的话，他竟理都不理转身走了，让薛宝钗好一顿尴尬。

只有黛玉，从不曾劝宝玉读这些书，也不曾劝他走科举之路。究其原因，我觉得是因为黛玉真正理解和支持贾宝玉。在书中，林黛玉和贾宝玉两人，他们虽为凡人之躯但都有着高贵的灵魂，虽生活在花团锦簇的大观园里，但却看透了人生百态。黛玉对宝玉的感情，是建立在对宝玉灵魂的洞察和支持之上的，因此显得格外珍贵。而宝玉也对黛玉格外用心和包容，因为他知道，黛玉是他真正的灵魂知己。

正因为宝黛二人是灵魂知己，所以黛玉才会在每一个场合对宝玉都出手相助。例如，元妃省亲时，黛玉主动替宝玉作诗，宝玉心存感激，对着黛玉意味深长地笑了一下。

后来，虽然黛玉早早离世，宝玉也出家了，但是我想，无论宝玉最终身在何方，想起那个深夜，想起黛玉扔给他的纸团，都会感受到来自灵魂知己的温暖。

读罢《红楼梦》，我常想：这世上，最难得的是什么？不正是宝黛之间这种灵犀相通的感情吗？这是曹雪芹毕生的追求，也是我们芸芸众生的追求！

愿红楼悲剧不再，愿人人得偿所愿！

做生活的智者

——读《愚人食盐》有感

读书让人明理。最近，我读了《愚人食盐》这篇文章，就此明白了许多道理。

《愚人食盐》是一篇佛典故事，出自《百喻经》。它讲的是从前有一个愚人，到别人家去做客。主人端出食物来，他嫌淡而无味。主人听罢，便为他添了点儿盐进去。愚人尝到了盐的美味，便想：味道之所以这么好，是因为有盐的缘故。小小一撮，尚且如此，满满一把，岂不更妙？然后，愚人便只吃盐，谁知道一吃下去，太咸了，反而非常痛苦。

是啊，盐本来只是一种调味品，但如果它“反客为主”，成为唯一入口的东西，那么必然是很难吃的！

我不禁联想到，我们在生活中也会经常做这类傻事。

有一次，我做完小报之后，妈妈让我给标题的艺术字点上了一点点白色的小线条，这样可以让艺术字看起来更有立体感，我也觉得这样非常好看。就在这时，我开始了“愚人食盐”的行动，我用白色的笔把艺术字整个勾勒了一圈，然后我心满意足地站起来，观赏我的大作。接着，我就傻眼了——四周都勾勒了边儿，立体感没了，一点儿也不好看！

还记得我上幼儿园的时候，有一天，妈妈给了我一杯蜂蜜柠檬水，我觉得特别好喝，以为柠檬也很好吃，就拿起桌子上剩的半个柠檬，猛地咬了一口。哎呀！当时就酸得我流下了眼泪。

我以前干的这些愚人食盐的事情还有很多，不过，我相信以后将会越来越少。因为，我知道不能把“配料”当作“主菜”，不能把细节当作主干，我们在做事情的时候都要分清楚主次关系，再弄清楚各种“配料”起的作用，这样才能做好事情！

桃树下的革命精神

——参观北京鲁迅博物馆有感

在北京市西城区阜成门内的一条胡同里，坐落着北京鲁迅博物馆。这里是鲁迅先生在北京生活了两年多的地方，至今还保留着许多遗迹。

一进入鲁迅博物馆大门，就是一个大大的院子。院子中间，是鲁迅先生的半身汉白玉雕像。他目光坚定地望着远方，像是在思念故乡，又像是在思考未来。

院子北侧是鲁迅故居。故居是一座小小的四合院，院子中间是两棵鲁迅先生亲手栽下的桃树。院子的北面是会客室，东、西面都是卧室，南面是书房。我印象最深的就是鲁迅先生的书房。书房中只有一张小小的木头桌子，长约一米半，宽七十厘米。桌面已经有些破旧了。桌子旁是一张藤椅和一张小床。此外，书房中再无他物。这么伟大的革命家，竟然就是在这样一间小小的、几乎是家徒四壁的书房中写下了《坟》《朝花夕拾》等许多著名的作品。这是多么伟大的人格啊！

我站在院子里的桃树下，仿佛看到鲁迅先生在书房里忧国忧民，看到他与青年们在桃树下热烈讨论，看到他在灯光中奋笔疾书。那一瞬间，我仿佛回到了那个战火纷飞的年代，看到了无数先烈的身影。

在回家的路上，我暗暗想到：鲁迅先生虽然离开了我们，但他的精神将永远激励着我们前进！

从骏马到田横

——参观徐悲鸿纪念馆有感

在北京市西城区一个安静的小院里，坐落着徐悲鸿纪念馆。这座朴素的展馆收藏了这位艺术巨匠的上千幅画作，以及上万件历史资料，全面展示了徐悲鸿的艺术成就。

一进入纪念馆的院子，我就看到了一尊徐悲鸿先生的青铜雕像。他目光坚定地望着远方，一手拿着画笔，一手托着调色板，像是在作画，又像是在思考。

走入展馆，迎面看到的就是徐悲鸿先生最著名的《六骏图》。这六匹骏马各不相同，有的张着嘴，像是在呼朋引伴；有的奋力奔跑，心事重重；还有一匹在努力追赶，仿佛不甘心落后。馆中还有许多骏马图，有的骏马是喜悦的，有的骏马是悲哀的，还有的骏马是愤怒的……这一匹匹骏马，仿佛每一匹都有了生命，围绕在我的身边，怀念着他们的主人——徐悲鸿先生。

在展馆的另一侧，展出的是《田横五百士》。这副作品创作于日寇入侵的时期，徐悲鸿先生希望通过这幅画，歌颂田横宁死不屈的精神，借此唤醒中国人民抗战的决心。在画中，我看到田横在和手下告别的场景，田横的脸上没有悲伤，只有坚定，他下定决心，绝不跟随刘邦，而是做一个有骨气的人，一个大写的人！

在展馆中，我仿佛回到了那个硝烟弥漫的时代。从这些画作里，我看到了徐悲鸿先生在画室勤奋作画，在和友人激烈地讨论国事，在教育学生爱国、报国……突然间，耳边响起了孩子们欢快的笑声，我定睛一看，这里没有硝烟，只有人们在安静地参观，只有和平与安宁。

《六骏图》是徐悲鸿先生绘画艺术的巅峰之作，《田横五百士》则是他爱国精神的体现，从骏马到田横，不仅代表着徐悲鸿先生艺术创作的进步，更代表着他忧国忧民、爱国报国精神的升华。我要向徐悲鸿先生学习，做一个爱国的人，一个为国家做贡献的人！

对话故宫

亲爱的故宫：

还记得 1421 年初春的那一缕朝阳吗？那一年的 1 月，明成祖朱棣迁都北京，拉开了北京成为中国政治中心的帷幕，紫禁城成为皇权的象征。朝阳之下，朱墙黄瓦；殿堂之上，鹤香袅袅。从那一缕朝阳开始，你就开始了自己六百多年的辉煌史。

六百年的你，聚集了数不清的文化瑰宝。《永乐大典》《四库全书》《清明上河图》《千里江山图》《韩熙载夜宴图》……你传承的不仅是文化，更是中华民族的灵魂。

六百年的你，见证了数不清的英雄们的事迹。于谦以文人之弱，力抗外敌之强，带领军队，保卫北京，保卫中国；谭嗣同向光绪皇帝宣传变法维新，力主推行新政，希望以此挽救中华民族……

六百年了，你那雄伟的宫殿虽历经沧桑却依然屹立；苍劲有力的松柏历经战火而愈发茁壮。往事都已过去，和平已经到来，伟大的中华民族正在复兴！

亲爱的紫禁城，你是一本书，是一个丰碑，是一个象征。你就那样静静地站着，记载了过去，见证着现在，更期盼着未来！我愿与你一起，共创美好未来！

此致

敬礼！

李梓萱
西单小学四（5）班
2022 年 6 月 11 日

给我的一封信

亲爱的萱萱：

当你看到这封信时，请不要吃惊，因为这是一封来自未来的信。

未来的我，在一所大学里面当老师。我要感谢你现在勤奋地学习。我还记得，你每天晚上都坐在书桌前，一笔一画地写呀，算呀，一个单词接一个单词地背诵。有时候，你也很痛苦，但是你顽强地坚持下来了，用了一年的时间，把三千个英语单词都掌握了，顺利地通过了 PET 考试，证明了自己的实力。

未来的我，遇到烦恼的时候，总是喜欢拿起画笔，随意地画上几笔，舒缓自己的精神压力。我要感谢你一直保持着自己对画画的喜爱，你从画什么都不像到画什么像什么，一支铅笔、一张白纸，画仙女，画小鸟，画小猫，画高山，画流水……你画得那么认真，那么投入。现在的我，和你一样，还是喜欢画这些美好的东西，让我们在紧张的生活中体会大自然的美好。

一路走来，我特别想对你说，亲爱的萱萱，未来的生活将会是非常美好的。为了这美好的生活，你现在付出的辛苦是完全值得的。一分耕耘，一分收获。你现在流下的每一滴汗水，都是在酿造未来的成功，帮助你走向幸福的生活。

我在未来等着你！

未来的萱萱

黄豆芽生长日记

10 月 14 日 星期四 晴

今天，妈妈给了我一把黄豆，让我观察黄豆的发芽过程。我小心翼翼地捧着它们，把它们放到了一个小水盆中。然后，我往水盆中倒了两杯水，使水刚刚没过黄豆。这时的黄豆是圆圆的，就像一颗颗饱满的小珍珠，静静地躺在水中，好像睡着了似的。

10 月 15 日 星期五 晴

刚起床，我就迫不及待地去看我的黄豆们。经过一晚上努力地吸水，它们已经从圆形变成了椭圆形。我禁不住伸手摸了摸它们，啊！它们还是那么硬，像小石头一样。不过，它们的“外衣”已经变得皱皱巴巴了，就像是马上要绽开了似的。

10 月 17 日 星期日 晴

今天的黄豆是什么样呢？哇！是白白嫩嫩的小芽！而且是已经探出脑袋的小芽！是我朝思暮想的黄豆芽啦！黄豆的表皮已经破了，露出两瓣黄豆瓣，豆瓣中间是白色的小芽，大约半厘米长，二至三毫米粗。小芽的头部细细的、尖尖的，非常柔软。十几颗小豆芽挤在一起，就像是小朋友们手拉着手在做游戏。

10 月 19 日 星期二 晴

我一写完作业，就马上去看我的豆芽们。果不其然，它们已经长到了三厘米左右，已经脱去了黄外衣，头上的豆瓣微微发青，这就意味着豆芽可以吃了。豆芽白白的，壮壮的，非常水灵，轻轻一掐，就能掐出来好多水。太鲜嫩啦！

晚饭时，奶奶给我炒了一盘黄豆芽，我觉得真好吃啊！自己亲手培育出来的豆芽果真美味无比！

劳动最幸福！

我爱你，汉字

人、手、口……

中国人，无论生活在世界的哪一个角落，从孩提时，几乎都会认真地学习汉字。妈妈曾经告诉我，每一个汉字都有自己独特的含义。例如，最简单的“人”字，它代表着一个人，将腿分开，稳稳地站在大地上，是顶天立地的英雄。

在我学过的字中，有一个字最有意思，最特别，它就是“爨”（音“窜”）字！

在北京西部的门头沟区有个小村庄，名为“爨底下”，现在是有名的旅游景点。很多到这个村来旅游的游客不认识，更记不住这个“爨”字。于是，村里人编了一个顺口溜：“兴字头，林字腰，大字底下用火烧。”这里的“兴字头”说的是繁体字的“兴”，即“興”。“爨”的意思是灶，或烧火做饭。在篆文中我们可以很清楚地看出这个“爨”字的结构——上面是两只手端着口锅；锅的下面是灶台；灶台的下面是两个“木”，意为木柴；木柴的下面又是“两只手”，在现今的楷书中“爨”字的两只手变成了“大”；手的下面则是一个“火”字。所以，整个字所表示的内涵是：上面用两只手将锅放在灶台上；下面用两只手将木柴推进灶膛，然后在木柴下面点上火。

古代兵法中有一计，名“增后减爨”，也称“增兵减灶”。在马陵道战役中，齐国大将孙膑为了麻痹魏将庞涓，在撤退时，逐步减少地灶的数量。庞涓看到齐军地灶减少，误认为齐军士兵也在减少，因此轻敌冒进，结果导致中了埋伏，兵败身亡。

无论是简单的“人”，还是复杂的“爨”，我们都可以看到，汉字不仅仅是字形，更代表着五千年的中华文化。从汉字中，我们看到的是中国人的世界观、中国人的智慧、中国人的精神！

我爱你，汉字；我爱你，中国！

一盏灯

窗前，有一盏灯，

每个夜晚，它都会准时亮起。

每当我坐在桌前，开始晚间学习的时候，我都能看见对面楼里的那盏灯。当我解题解得酣畅淋漓的时候，它亮着；当我为一个英语单词愁眉苦脸的时候，它亮着；当我结束一天的学习，准备关灯休息的时候，它还亮着……

一天，两天，一个月，两个月……自从我家搬到这里之后，每个晚上，这盏灯都会陪我到深夜。我禁不住想：那个房间里也住着一个小学生吗？他也有这么多的作业要写吗？他的爸爸妈妈是不是也经常给他辅导作业呢？

有一次，我的单元测试成绩非常不好，破天荒考了八十九分。回到家里，我心里难受极了。我坐在书桌前，直直地看着卷子，泪水不争气地流了下来。猛然间，我一抬头，又看见了对面的那盏灯。它依然是那个温暖的黄色，亮在那里。它的灯光似乎在对我说："生活不会一帆风顺，考得不好，就继续努力吧！"我看着那团温暖的黄色，心情平静了很多。

时间过得飞快，转眼间就到了快要期末考试的时候，我每天晚上都复习到很晚。每当想偷懒的时候，我就抬头看看它，想一想在它的注视下，那个学生是不是也在努力复习。每当我结束当天的复习时，我会在心里默默地对它说："谢谢你，晚安！"

考试成绩下来了，我考得非常理想！晚上，我又一次坐在桌前，看着那盏灯，内心充满了感谢，感谢它陪伴我走过每一个夜晚，感谢它用自己的光温暖了我的心。

童谣唱响新时代

十月一日，又是祖国母亲的生日，
共和国的英雄，我们从未忘记。
妈妈问我，
你可知道，祖国的英雄在哪里?

我问高山，
英雄在哪里?
高山说，
在这里，在这里!
我的道道山梁，
是革命先烈的长眠之地。

我问大海，
英雄在哪里?
大海说，
在这里，在这里!
我的朵朵浪花，
是海军战上的辛勤汗滴。

我问戈壁，
英雄在哪里?

戈壁说，
在这里，在这里！
这里曾经腾空而起闪亮的蘑菇云，
荒漠里有许多两弹一星科学家的秘密。

我问天空，
英雄在哪里？
天空说，
在这里，在这里！
嫦娥奔月，北斗导航，
太空中有中国航天人的勇气和足迹。

我问边疆，
英雄在哪里？
边疆说，
在这里，在这里！
守卫大漠，守卫高原，
解放军战士用青春守卫五星红旗。

我问时间，
英雄在哪里？
时间说，
就在这里，就在这里！
心中充满大爱，铁肩勇担道义。
我向英雄学习，实现中华崛起！

时光的眼睛

时光的眼睛
是大树的年轮
一圈又一圈
记载着四季的风云

时光的眼睛
是贝壳里的珍珠
沉睡在大海中
却感受着海浪的关注

时光的眼睛
是高原上的玛尼堆
五颜六色的旗子
写满了虔诚的追随

时光的眼睛
是故宫角楼上的神兽
看尽了六百年的斜阳
和岁月成为朋友

如果有一天

如果有一天
我有一对翅膀
我想带领宇航员
飞到太阳的身旁

如果有一天
我有一双机械臂
我想帮助科学家
找到大海深处生命的痕迹

如果有一天
我有一双千里眼
我想四处望一望
帮助警察叔叔发现潜在的危险

如果有一天
梦想全都实现
我将会
在未来与你相见